RÉFUTATION

DE

PLUSIEURS ERREURS

CONTENUES

DANS UN MÉMOIRE

Adressé par le Lieutenant - Général Lemoine, au Ministre de la Guerre, sur la défense de la forteresse de Mézières, par le Lieutenant-Général de Hake, au service de S. M. le Roi de Prusse, Commandant le siège de cette Place.

Si le Général Lemoine, dans les moyens qu'il emploie pour se justifier auprès de son Roi et du Ministre de la guerre, ne se fut pas écarté des égards dûs à son adversaire ; je me serais dispensé, connoissant bien sa position, de répondre à ses Mémoires. Mais comme il a fait imprimer non-seulement de très-grandes inexactitudes, et qu'il y a fait encore ajouter des rapports qui dégradent autant l'auteur aux yeux de l'homme honnête, qu'ils sont évidemment calomnieux pour le Général commandant le siège ; celui-ci a cru devoir mettre la vérité au

A

grand jour, laissant au Général LEMOINE l'avantage de se trouver seul, par le choix de ses expressions, à la hauteur du rédacteur de l'article du *Journal de Paris*, *du 9 Novembre*, sur son Mémoire.

Le Général LEMOINE se plaint que dans l'intervalle de la reddition des ville et forteresse de Mézières et celle de la citadelle, les assiégeans n'ont pas cessé de faire travailler. Le terrain qui devait être abandonné à ces derniers, avait été exactement et suffisamment fixé par des Officiers nommés à cet effet de part et d'autre. Aucun article de la capitulation ne prescrit l'usage qu'on devait en faire ni la défense d'y travailler. Il était libre aux deux parties d'établir et faire mouvoir autant de troupes et d'artillerie qu'ils le jugeoient respectivement nécessaire ; pourquoi n'aurait-il pas été permis de travailler : ce moyen d'attaque n'étant pas plus directe que l'autre ? Le Général LEMOINE a lui-même augmenté ses postes sur les remparts, pour empêcher, comme il le dit, les communications avec la ville, et établit même des palissades où il n'y en avait pas lors de l'occupation de la place ; cela eut lieu sur le rempart entre la porte de la ville et le moulin. Tous les travaux entrepris par les assiégeans, l'ont été sur le terrain qui leur avait été cédé sans restriction et occupé par leurs postes. Il n'y a rien eu d'exécuté du côté de la citadelle où se trouve la flèche qui est sur la hauteur de St. Laurent, parce que d'après une convention particulière, ce terrain devait rester neutre. Le château de Sedan offre un exemple que l'opinion du militaire français était que malgré qu'il existât une convention d'après laquelle on ne devait pas recommencer les hostilités, convention qui a été la même pour la citadelle de Mézières, on pouvoit néanmoins travailler, et de fait on construisit et l'on changea des parapets sur les remparts du château de Sedan ; on fit de nouvelles embrasures et des traverses pour se mettre à couvert du feu. Ce n'est qu'après avoir vu faire ces travaux pendant long-temps, que je travaillai aussi de mon côté, et les choses demeurèrent dans cet état, jusqu'à la reddition définitive de ce château. Ne connoissant point de loi contraire, et la convention étant réciproque, j'ai cru, ne m'opposant pas aux travaux qui s'exécutoient pour la défense du château, pouvoir agir également, et c'est la conduite que j'ai tenue à l'égard de la citadelle de Mézières.

Ne me serais-je pas mis dans le cas d'être blâmé avec justice, si je m'étois conduit autrement ? Le Général LEMOINE disant positivement, à la fin de la convention (page 79 de son Mémoire) que les Officiers qu'il avait envoyés à Paris pour la présenter à S. M. le Roi de France, devaient d'abord lui rapporter ses ordres relativement à la citadelle. Je ne fus informé ni de leur arrivée, ni du contenu des ordres dont ils étoient porteurs. Je n'avais

donc aucune sûreté , ni dans la capitulation , ni dans l'assurance ultérieure de ce
Général , puisqu'il ne pouvait agir d'après
sa propre volonté , mais seulement d'après
les ordres qu'il attendait de Paris , j'avais
d'ailleurs été témoin que le Général LEMOINE
avait négligé de remplir un engagement auquel
il dépendait exclusivement de lui de faire hon-
neur ; en conséquence , pour ne pas perdre
tout-à-fait mon temps, je fis travailler, et pour
avoir plus tard une garantie des assurances in-
certaines du Général LEMOINE, je demandai
qu'il me fût livré une porte et quelques ouvrages extérieurs de la citadelle.

Il résulte donc de ce qui précède, qu'il n'y
avait absolument rien de décidé par la capitulation des ville et forteresse de Mézières,
relativement à la citadelle; puis il s'y trouvait
différens objets sur lesquels il était nécessaire
de s'entendre, et enfin le Général LEMOINE
me demanda de nouveau une entrevue, par
une lettre que je transcris ici littéralement.

« Ayant des propositions à vous faire, per-
« mettez-moi de solliciter de nouveau une en-
« trevue, qui m'a paru indispensable à nos
« arrangemens ; si vous croyez qu'elle ne puisse
« avoir lieu chez vous, je la propose à la lunette
« en avant de la citadelle, à l'heure que vous
« choisirez. »

Voilà les raisons qui m'engagèrent à lui pro-
poser de faire une capitulation particulière
pour la citadelle.

Ce qui est dit page 36, est absolument faux.

« A sept heures et demie, le Général ennemi
« se démasquant entièrement, il me fit dire,
« par un Officier d'état-major, que si je n'ad-
« hérais pas aux propositions qu'il m'avait
« faites par sa lettre N.º 26, à minuit précis,
« il ferait jouer toutes ses batteries. »

J'avais écarté à dessein toutes les communications verbales, comme la lettre ci-dessus
du Général LEMOINE le prouve, et comme
son Aide-de-Camp le Capitaine LEFEBVRE
doit aussi le témoigner, puisque je l'ai chargé
lui-même de dire à son Général que je trouvais
plus convenable pour lui et pour moi que tout
entre nous se fît par écrit, et que je l'y engageais
fortement. D'après cela, le Général LEMOINE
aurait dû, si l'ouverture verbale dont il est
parlé, lui fût parvenue de ma part, par un
Officier de l'état-major-général, exiger qu'elle
fût par écrit, et il n'aurait pas manqué de le
faire, ne fusse-ce que pour sa justification, d'autant que moi-même je lui en avais donné l'idée ;
mais le fait est faux, et voici ce qui se passa
ensuite.

Son Altesse Royale le Prince Auguste FER-
DINAND arriva pour examiner les ouvrages que
j'avais fait faire, à l'effet de continuer le siège
en cas de nécessité. Après-midi, le Commandant de la place de Mézières m'annonça que
deux Officiers français étaient à la porte de la
citadelle, et demandoient à me parler : j'éludai

cette entrevue, déclarant que je ne pouvais entendre à aucune proposition verbale.

Le jour baissait, et le Prince désirait voir les ouvrages. Lorsque nous passâmes devant la porte de la citadelle, l'adjudant du Général LEMOINE me fit prier d'approcher, ce que je fis : mais comme cet entretien verbal ne menait à rien, et que je voulais suivre le Prince, je déclarai à cet adjudant que S. A. R. m'attendant pour lui montrer les préparatifs qui avaient été faits, je n'avais pas le loisir de continuer plus long-temps cette conférence, et que je devais aussi préférer, le Général LEMOINE refusant d'accepter mes propositions précédentes, cesser toutes négociations. Après cela, je me hâtai de rejoindre le Prince. Toutes les bouches à feu étaient en batterie, les canonniers étaient à leurs postes, et par-tout les troupes disposées pour l'attaque. Mon attitude était sans doute très-menaçante. La nuit survint et empêcha de voir ce qui se passa ensuite. Mais quant à la prétendue conversation des soldats travailleurs, que le matin du 1.er septembre le feu devait commencer de toutes parts, comme le Général LEMOINE le fait connaître dans sa lettre N.° 24. Je n'y ai donné aucun sujet, et ai encore moins donné des ordres de cette espèce ; j'appelle, sur ce fait, en témoignage tous les militaires qui se trouvaient alors sous mes ordres. Il pouvait être 9 heures du soir à peu-près, lorsque le Général me fit donner l'assurance que le lendemain matin la porte de la citadelleme serait ouverte.

Suit après cela ce dont il rend compte, page 37.

Maintenant encore deux mots sur quelques passages du Mémoire. Page 14, il est dit :

« Le village fut enlevé et traversé au pas de
« charge, et les pièces de canon restèrent en
« notre pouvoir ; mais il fut impossible de les
« enlever et de conserver le village, l'ennemi
« ayant reçu un renfort considérable de tous
« les environs. »

Si cela avait été ainsi, le lieutenant du génie KOEPPEN qui, avec quelques hommes, ne voulut pas abandonner la batterie, eut sans contredit été fait prisonnier, et ne pouvant enlever les pièces, on eut au moins cassé les roues, enlevé ou brisé les outils nécessaires pour le service des pièces, tandis que le tout est resté intact.

Page 15.

« Notre perte a été d'environ quarante hom-
« mes mis hors de combat : celle de l'ennemi
« a été considérable, à en juger par les morts
« qu'il laissa sur le champ de bataille : on a
« vu, vers les 2 heures de relevée, quantité
« de voitures attelées, chacune de six chevaux,
« prendre la route de Sedan. Elles étaient
« chargées de blessés. »

Notre perte consistait, comme cela est exac-

tement prouvé, en 5 morts et 49 blessés.

Page 14.

« Le feu ne cessa, de la part de l'ennemi,
« que lorsque deux de ses batteries furent dé-
« montées par mes canonniers. »

Page 17.

« A une heure, mes braves canonniers avoient
« de nouveau démonté les batteries de l'ennemi,
« et vers 3 heures, son feu fut réduit au si-
« lence. J'eus peu de monde à regretter, mais
« l'ennemi, de son aveu, éprouva des pertes
« considérables en tout genre. »

D'après le journal du siège, qui a été tenu
exactement, un mortier de fer sauta au com-
mencement du bombardement, et plus tard
dans la batterie d'obusier de Mohon, deux roues
furent démontées. Ce ne fut pas l'ennemi qui
força les pièces au silence, mais bien un ordre
de cesser le bombardement aussitôt que la
quantité de projectils déterminée, serait lancée;
du reste, la perte consiste en 3 morts, dont
un Officier d'artillerie et 24 blessés.

Si le Général LEMOINE se croit autorisé à
faire à ses soldats, dans son *Ordre du jour*,
page 53, le mensonge suivant :

« Que tous les déserteurs sont conduits à
« Luxembourg et forcés de prendre du service
« contre leur patrie. »

J'avais, à bien plus forte raison, le droit
de dire à ces mêmes soldats la vérité dont il
se plaint.

Page 22.

« Qu'ils pouvaient, sans crainte, se présen-
« ter à l'état-major des Alliés, où il leur serait
« délivré des passe-ports pour retourner dans
« leurs foyers. »

L'attaque qui eut lieu dans la nuit du 6 au
7, sur le village de St. Julien, dont il est ques-
tion page 26, et qui est relatée ainsi :

« Toute la nuit seize voitures avaient été
« employées à enlever les morts et les blessés. »

A coûté un homme tué, 24 blessés et 4
égarés, et cela n'est pas extraordinaire, puisque l'attaque ne fût entreprise qu'avec la sixième
partie du nombre de troupes dont parle le
Général. Quant au remplacement des troupes
du Nord de l'Allemagne par les troupes prus-
siennes, dont le général fait mention page 37,
je veux seulement observer que ces troupes
n'ont été envoyées que par ordre du Général
en chef Prince BLUCHER, et que ces Prussiens
n'étaient nullement sous mes ordres auparavant.

Il semble que l'auteur n'ait cherché qu'à
embellir son Mémoire par des phrases qui pa-
roissent ne pas lui être familières, et à y pro-
diguer des expressions nouvelles et même in-
convenantes. Je ne sais pas répondre sur ce ton
là, le langage d'un homme bien élevé, et sur-
tout d'un Officier étant, à mon avis, tout-à-fait
différent.

A SEDAN, de l'Imprimerie de BAUDUIN. (1815.)